VENTE DU VENDREDI 24 JUIN 1910
HOTEL DROUOT, Salle N° 8

COLLECTION D'ADRESSES ANCIENNES

DES XVIᵉ, XVIIᵉ, XVIIIᵉ ET XIXᵉ SIÈCLES

EX-LIBRIS

ANCIENS ET MODERNES

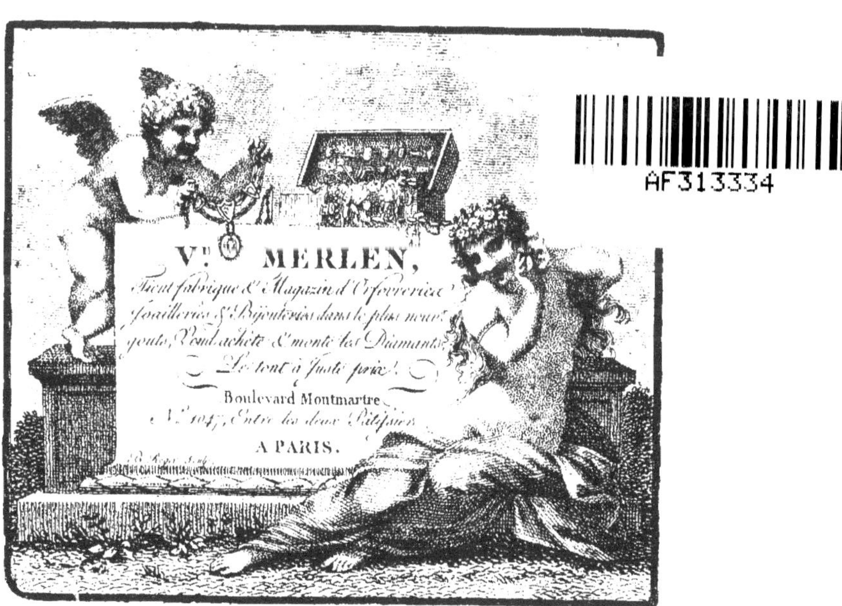

N° 7 DU CATALOGUE

Mᵉ ROBERT BIGNON	M. ROBERT GANDOUIN
Successeur de M. NORMAND	EXPERT
COMMISSAIRE-PRISEUR	38-40, avenue de Wagram
41, rue de la Victoire	PARIS

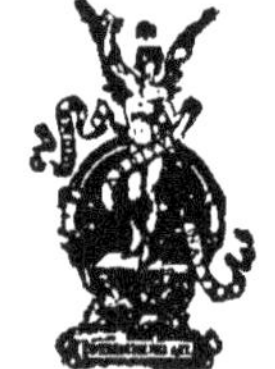

CATALOGUE

D'UNE

COLLECTION D'ADRESSES ANCIENNES

DES XVIᵉ, XVIIᵉ, XVIIIᵉ ET XIXᵉ SIÈCLES

EX-LIBRIS

ANCIENS ET MODERNES

Dont la Vente aux ENCHÈRES PUBLIQUES aura lieu, à Paris

HOTEL DROUOT, Salle Nᵒ 8

Le Vendredi 24 Juin 1910, à 3 heures

<table>
<tr><td>

Mᵉ ROBERT BIGNON
Successeur de M. NORMAND
COMMISSAIRE-PRISEUR
41, rue de la Victoire

</td><td>

M. ROBERT GANDOUIN
EXPERT
38-40, avenue de Wagram
PARIS

</td></tr>
</table>

EXPOSITIONS

Les 20, 21, 22 et 23 Juin 1910
Chez l'EXPERT, 38-40, avenue de Wagram, *de 2 h. à 5 h.*
Le 24 Juin 1910, HOTEL DROUOT, *Salle nᵒ 8, de 1 h. 1/2 à 3 h.*

CONDITIONS DE LA VENTE

Elle sera faite au comptant.

Les adjudicataires paieront *dix pour cent* en sus des enchères.

M. R. Gandouin remplira les commissions que voudront bien lui confier les amateurs ne pouvant y assister.

MM. les amateurs pourront visiter la collection chez M. Gandouin, *38-40, avenue Wagram*, les 20, 21, 22 et 23 juin 1910, de 2 heures à 5 heures.

Paris. — Imp. de l'Art, Ch. Berger, 41, rue de la Victoire.

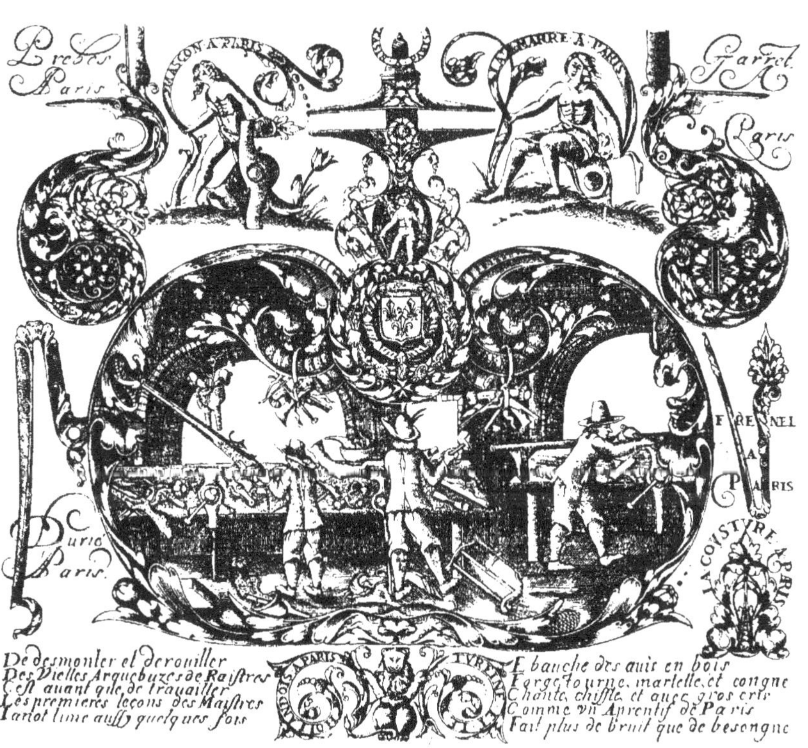

Nᵒ 5 DU CATALOGUE

DÉSIGNATION

APOTICAIRES — DISTILATEURS

1. **A Saint Nicolas.**

   Apoticaire. (Second des six corps des Marchands.)

2. **Cadet.**

   Apoticaire; rue Sainte-Honoré, à côté de la Croix-du-Tranchoir, à Paris. Grande et petite adresse sur la même planche.

3. **Le Lièvre.**

   Distillateur du Roy; rue de Seine, à Paris. Belle épreuve de cinq étiquettes.

4. **Theuvenys.**

   Apoticaire à Chaalon (*sic*). Deux pièces différentes.

ARMURIERS — FOURBISSEURS
ORFÈVRES — OPTICIENS

5. **Armuriers de Paris.**

   Adresse de Corporation. Deux superbes et rares épreuves du xvie siècle.

6. **A la Croix de Saint-Louis.**

   Wallayer, orfèvre du Roy; rue du Roule. Magnifique épreuve toute marge, gravée par Choffard.

6 *bis.* Autre épreuve; bel état.

7. **Vve Merlen.**

Orfèvre; boulevard Montmartre. Superbe épreuve par ROYER, d'après P. P. PRUD'HON. (Rare.)

8. **A. T. Baudouin.**

Orfèvre; Hotel de Choiseul; rue Grange-Batelière. Gravé par H. M., d'après H.

9. **J. G. A. Chevallier.**

Opticien; Tour de l'horloge du palais n° 1, à Paris.

10 **A La Providence.**

Chevallier, ingénieur-opticien; quai de l'Horloge, 69, entre la rue d'Harlay et le Pont-Neuf à Paris.

11. **Au Microscope.**

Le Tellier, opticien. Avant la lettre; seul le nom des artistes. *Le Roy fecit 1767.* (De toute rareté.)

12. **Aux Trois Couronnes d'or.**

Marin Bellemois, orfèvre-joaillier; rue des Bonnetiers, vis-à-vis l'Officialité, à Rouen. Gravé par LE MAITRE.

13. **Drais.**

Bijoutier, élève de Ducrollay, bijoutier du Roi. Magnifique épreuve gravée par CHOFFARD, 1764. Premier état. (Très rare.)

14. **Drais.**

Elève de Ducrollay, bijoutier du Roy, à l'entrée de la place Dauphine, à Paris. Très belle épreuve gravée par CHOFFARD.

ARTISTES — PEINTRES
GRAVEURS — MUSICIENS

15. **Au Cachet Royal.**

Bureau, graveur, demeurant dans la vieille cour du Palais proche le May.

16. **Ancelet.**

Graveur, 27, rue de Bruxelles. Gravé par lui-même.

17. **Cordiez.**

Dessinateur-graveur; rue de la Cossonnerie, n° 34, à Paris. Gravé par lui-même.

18. **Collin.**

Adresse du célèbre graveur nancéen. Gravé par lui-même. (Rare.)

19. **Merlen.**

Graveur, Palais du Tribunal, n° 40, galeries de pierres, etc., à Paris. D'après P. P. PRUD'HON. Rare épreuve. (Piqûres.)

20. **Aux Armes de Monseigneur.**

Brenet, graveur sur métaux; place Dauphine. Gravé par lui-même.

21. **Chady.**

Restaurateur; rue Saint-Thomas-du-Louvre, à Paris. Magnifique épreuve avant toutes lettres. (Pièce de toute rareté.)

22. **A Sainte Geneviève.**

Adresse d'architecture ou de négociant en instruments de précisions. Magnifique épreuve avant toutes lettres.

23. **B. Grive.**

Professeur de dessin.

24. **Calvat.**

Sculpteur-modeleur ; rue du Pont-de-Lody, n° 3, à Paris.

25. **Dezauche.**

Géographe ; rue des Noyers, à Paris.

26. **A La Sphère Royale.**

Nicolas de Fer et Desbois, géographes.

27. **Arrivet.**

Graveur de cartes géographiques. Magnifique épreuve du premier état. (Très rare.)

28. **Ch. Simonneau.**

Graveur géographique ; rue de la Paix, n° 6, à Paris. Deux épreuves.

29. **Au Buste de Monseigneur.**

Seuin, peintre ect...; à la rue Dauphine, vis-à-vis la rue d'Anjou. Gravé par ERTINGER. Superbe épreuve, très rare en cet état.

30. **César Van-Loo.**

Carte de visite de l'artiste. (Cachet de collection P. B.)

31. **Mathieu.**

Musicien et copiste, etc... Demeure rue de Richelieu, n° 11, en face le Théâtre-Français, à Paris.

32. **Regnault.**

Jardinier, fleuriste du Roi et de Madame La Dauphine ; rue du Faubourg-du-Roule, n° 64, à Paris. Deux épreuves.

ESTAMPES ANCIENNES

EN NOIR ET EN COULEUR

33. **A. de Saint-Aubin.**

Adrienne Sophie, marquise de Louise Émilie, Baronne de ? Deux belles épreuves. Grandes marges.

N. de Launay.

Noce russe interrompue ; Usage des Russes après le mariage. Deux belles épreuves d'après LE PRINCE. Grandes marges non ébarbées.

Tresca et Levilly.

Faites la paix ; Les Croyables au Pérou. Deux pièces, d'après BOILLY. Une en noir et une en couleur.

Gravelot.

Le Roi et le Fermier. Épreuve en bistre. Gravée par JANINET.

H. Guttemberg.

Les Dernières Paroles de Jean-Jacques Rousseau, d'après J.-M. MOREAU LE JEUNE. Belle épreuve.

Huet.

Mazet de Lamporecchio. Charmante petite gravure en couleur avant la lettre.

Le Campion.

Vue de la place des Victoires. IIᵉ Vue de l'Hôtel des Monnois (*sic*). Deux pièces en couleur. Marges rognées.

Le Campion.

Vue du Palais de Justice. Gravure en couleur, d'après TESTARD.

Sergent.

Ouverture des États généraux. Petite pièce de forme ronde (dessus de boîte) imprimée en bistre. (Sera divisé.)

ESTAMPES

34. **Daumont.**

Marchand d'Estampes; rue Saint-Martin, à Paris. Invitation à sa clientelle pour de nouveaux tirages composés par C. EISEN, FRAGONARD, LE PRINCE et gravés par ALIAMET, LE MIRE et DE LONGUEIL. Très bel état.

35. **Remoissenet.**

Marchand d'Estampes de S. A. S. Madame la duchesse Douairière d'Orléans; quai Malaquay, n° 9.

36. Pieri, successeur de Renaud, Marchand d'Estampes. — Bergny, Marchand d'Estampes. Deux épreuves.

37. Vallée. — Groulbois. — Bance fils. — Bergny. — Lerosey. — Pieri Benard. — Depeuille. — Toulouse et Nicolas. — Le Clerc. — Reslut. — Noel. — Pieri. — Dulac. — Loizelot. — Paulme. — Gosselin. — De Loriere. Vingt-deux pièces Marchands d'Estampes.

EVENTAILS — PARFUMEURS
CONFISEURS

38. **A l'Eventail.**

Josse L'Aîné; rue Grenéta, à Paris. Fabrique d'Eventails. (Rare.)

39. Au Premier Consul.

Brun, Parfumeur, à Lyon. Gravé par CHOFFARD, l'an 9. (Rare.)

40. Pâte axérasine de Bazin.

Parfumeur; rue Saint-Denis, n° 268. Curieuse épreuve coloriée, avec signature de *Bazin*.

41. Victor et Joseph Cheaulier et Cⁱᵉ.

Fabricants de savon, à Marseille.

42. Au Scapulaire de La Vierge.

Crepy, Parfumeur.

43. Au Galant Berger.

Adresse de confiseur, avant la lettre. Gravée par ROUARGE, 1823.

44. A l'Ange Gardien.

Adresse de confiseur, avant la lettre.

45. Aux Deux Amis.

Gruyer, confiseur; rue des Arcis, n° 48, près celle des Lombards, à Paris.

46. Au Fidèle Berger.

Adresse de confiseur. Avant toute lettre.

47. A La Renommée.

Berthellemot, Confiseur; Palais-Royal, n° 54, à Paris.

48. A La Bonne Foi.

Fremy, Confiseur; rue Saint-Antoine, n° 102, près celle des Ballets, à Paris. Gravé par BIGAUT.

LUTHIERS

49. **A La Victoire.**

Cousineau, luthier; rue des Poulies, vis-à-vis la colonade du Louvre, à Paris. Gravée par PRUNEAU, d'après AUG. DE SAINT-AUBIN. (De toute rareté.) Accidents, coupures.

5o. **J.-H. Vanderman..**

Luthier, éditeur.

MEUBLES — OBJETS D'ART
BRONZES

5 1. **Rogier et Sallandrouze, à Aubusson.**

Manufacture Royale de tapis, rue des Vieilles-Audriettes, n° 3, à Paris.

52. **Thomire et Cie.**

Fabricants de bronzes; rue Blanche, 45, Chaussée-d'Antin. Gravé par MALTESTE, d'après CAVELIER. (Au verso, facture avec signature de *Thomire*.)

53. **Caze.**

Fabricant de meubles. Gravé par E. GOSSELIN. Premier état.

NOUVEAUTÉS — BONNETERIE
ÉTOFFES — CHAPELIERS

54. **Kreisler.**

Marchand de nouveautés; rue Neuve-des-Petits-Champs, n° 83, à Paris. Adresse facture.

55. **Manufacture de draps.**

Descoins, fils. Adresse facture.

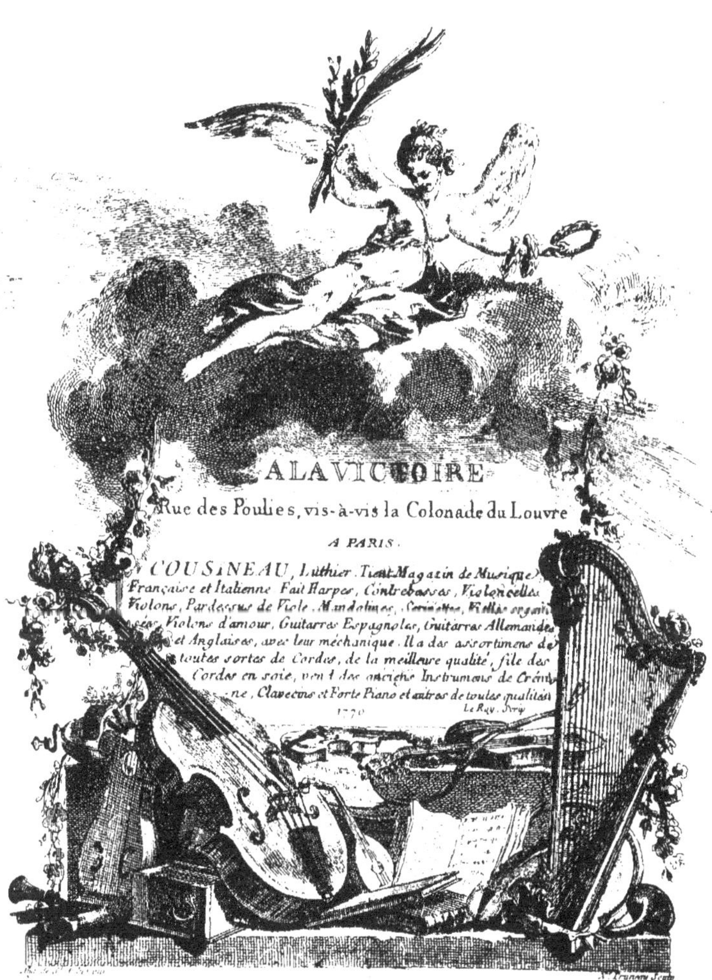

N° 49 DU CATALOGUE

56. A Lescu Dorleans.

Aubourcharim, à Lyon. Gravé par Cars. Deux pièces.

57. Au Château d'Or, 1750.

Compère, marchand drapier; rue Saint-Honoré, etc.

58. A La Petite Nanette.

Brevune; Rouenneries, indiennes; rue Saint-Antoine, à Paris. Adresse facture. Deux épreuves.

59. Au Grand Turc.

Le Normand et Cie, successeur de M. Buffault, marchand d'étoffes; rue Saint-Honoré, à Paris.

60. Au Grand Turc.

T^{RE} M^L Fazy, magasin d'étoffes, rue Saint-Honoré, n° 248, en face celle de l'Échelle, à Paris. Adresse facture.

61. A La Fidélité.

Tessier, Bonnetier de S. A. I. L'Imperatrice, etc.

62. A l'Étoile d'Argent et Barbe d'Or.

Pierre de La Croix, bonnetier, 1670.

63. Au Globe d'Or.

Rahout l'aîné, marchand pelletier; rue des Foureurs, à Paris. (Coupée dans le haut.)

64. Au Castor du Canada.

Lacorne, chapelier à Bagneres.

65. Manufacture de Bodoy.

Rue Plat-d'Argent, n° 63, à Lyon. Chapelier. Épreuve camaïeu bleu, toute marge.

66. Chenard et Heyrauld.

Manufacture de chapeaux, à Lyon.

PAPETIERS — LIBRAIRES
IMPRIMEURS

67. **A la Teste noire.**

Larcher, rue de La Verrerie, marchand-papetier.

68. **A la Teste noire.**

Larcher, papetier, rue de la Verrerie, etc... Petite épreuve.

69. **A Saint-Nicolas.**

De Hansy, libraire sur le Pont-au-Change. Cinq épreuves différentes.

70. **A la Sphère royale.**

V. De Fer; géographe. F. Bernard, gendre de De Fer, quay de l'Orloge du Palais (*sic*).

71. **Aux Armes de France et des États-Unis.**

Étienne Buisson et fils, marchands sur le port. Papetiers, boîtes, cartes, etc., à Marseille. (Très rare.)

72. **Péquégnot.**

Ornements, vases, décorations, Péquégnot, éditeur. Deux épreuves.

73. **P.-G. Simon.**

Imprimeur du Parlement, rue Mignon.

74. **Henrick Baket.**

Papier superfin, à Amsterdam.

75. **Aux Envieux de la Vertu.**

Gobert, rue de La Verrerie, marchand-papetier.

76. **Papier Marion.**

Étrennes utiles, impression couleur, cadre or.

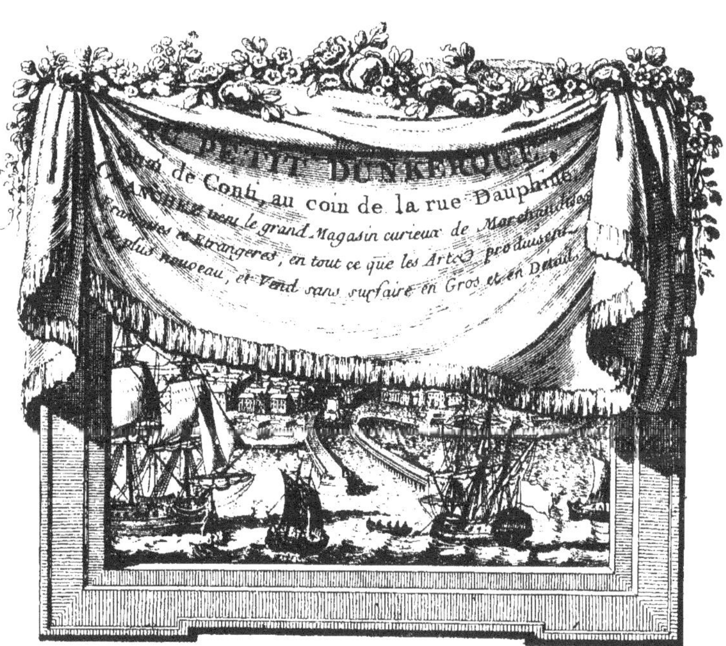

Nᵒ 81 DU CATALOGUE

77. A l'Hôtel d'Angleterre.

Accoulou le cadet, M⁰ Imprimeur en taille-douce ; rue des Anglais, vis-à-vis celle du Plâtre, à Paris. Belle épreuve.

78. Vincenot.

Libraire à Nancy, rue J. J. Rousseau, 177.

79. A la Règle d'or.

Mme Boivin, marchande, rue Saint-Honoré.

80. Au Singe vert.

Vaugeois, orfévrerie, papeterie, tabletterie, etc., etc. Grande épreuve.

81. Au Petit Dunkerque.

Grangez, quai Conti, au coin de la rue Dauphine. Adresse facture. (Rare.)

82. Au Coq couronné.

Payot, marchand ; rue de Richelieu. Papetier.

83. A l'Image Saint-Benoist.

Nouveau Livre d'écriture. Gravé par *Serrault*. Se trouve chez F. Poilly, à Paris.

84. A Limage Sainte-Geneviève.

Jollivet, papeterie ; rue Vieille-Draperie, près le Palais.

85. A Limage Sainte-Geneviève.

Jollivet ; rue de Bussy, près celle du Château-Bourbon. Papetier : Gravé par MICHEL.

86. Même adresse, Quentin, successeur de Jollivet.

87. A Limage Notre-Dame.

Jollivet ; rue de Bussi, vis-à-vis l'Hôtel Impérial. Papetier.

88. **Aux deux Griffons.**

Ducamp ; rue Saint-Honoré. Magazin de papier.

89. **Au Griffon.**

Viodot, marchand-papetier. Deux épreuves.

90. **Au Griffon d'or.**

Ponchi ; rue Saint-Honoré. Papeterie.

91 à 96. **Six adresses marchands-papetier.**

Amiot, au Mans.

A La Palette d'or ; Rey, rue de l'Arbre-Sec, n° 46, à Paris.

Petit ; rue de la Poterie, à Paris.

A la Plume de Hollande. Mausalle ; rue des Arcis, à Paris.

A La Petite Vertu. Guyot ; rue des Arcis, à Paris.

Au Sans Pareil et à la Vertu de L'encre. Poincellier ; rue de Monceau, à Paris.

BILLETS — CARTES D'INVITATION

97. Billet de faire part à laccademie de Saint-Luc pour la présentation de M. Peron.

98-99. **Bal De La Cour.**

Carte d'Invitation offerte à loccasion du Bal Paré donné à Versailles pour le Mariage de Monseigneur Le Dauphin. 1745 et 1747. Deux très belles épreuves par Cochin.

100. **Billet de Loterie.**

Loto de la Ville Impériale D'Offenbourg.

DIVERSES

PIÈCES AVANT LA LETTRE

101. Époque Louis XVI.

Adresse. Avant la lettre.

102. Époque Louis XVI.

Adresse formant cadre. Belle épreuve avant toutes lettres.

103. Époque Louis XVI.

Adresse formant cadre avec monogramme. (Marge rognée.)

104. Époque Louis XVI.

Adresse formant cadre. Avant toutes lettres. Deux pièces semblables.

105. A La Lyre d'Apollon.

Treyer surnommé l'Empereur. Gravé par MIGER d'après Choffard. Bel état.

106. Au Roy David.

Adresse facture. Bel état.

107. A Notre Seigneur.

Epreuve avant toutes lettres.

108. Au Courier.

Mathé, Sellier; rue Thionville, en face celle Contrescarpe, n° 1735, à Paris.

109. **Pelicier.**

Treillageur en tous genres. Curieuse adresse, aquarellée.

110. **Rommy.**

Entrepreneur de Plomberie.

111. **Époque Régence.**

Adresse facture de corporations. Gravé par Nicolas GUÉRARD. (Rare.)

ÉTIQUETTES — EN-TÊTES
FRONTISPICES

112 à 115. Michel Odieuvre, Marchand d'Estampes. Frontispice.

Jules Grisaref. En-Tête.
Toupet, Coiffeur. Étiquette.
De la foudrée, Chirurgien-Dentiste.
Quatre pièces.

ADRESSES MODERNES

116 à 126 — Vigeant, professeur d'armes.

Caze, fabricant de meubles. Pièce du 1er état. Gravé par ED. GOSSELIN.
E. Gandouin. 2 pièces.
3. Delorière. Collette.
2. Entrée, carte particulière.
La Caricature.
Chambrolle-Duru, relieur.
Manuel Garcia, tabac.

Chevalier, bains neufs.

Gilberton. — Lemaitre. — Lemelle.

J. Cuttings. — Guérin-Boutron. — Beurdeley. —
M. Emmich. — Homo, étiquette.

Programme pour La Belle Sainara.

Boutet (son changement de domicile).

Frontispice pour les graveurs du xix⁰ siècle, par GIA-
COMELLI.

Dublin, tapissier.

Foulard, libraire.

Courtois et Bruggeman, dentelles.

Leheutre. Environ trente-trois pièces. (Seront di-
visées.)

EX-LIBRIS

127. Anonymes. Trois pièces.

128. Anonymes. Trois pièces.

129. Bigot. (Petit exemplaire.)

130. P. de Cobres. (Petites déchirures.)

131. De Cuzieu.

132. T. Gautier. — Braquemond. — A.-F. Didot. —
Anonyme avec monogramme. Quatre pièces.

133. Bazot. — V. Mourie. — Solar. — L. Tascher de
Lapayerie. — A.-L. Benoit. — E. Noël. Six pièces.

134. Tallon. — Gravier de Vergenes. — Hemery. —
D'Allemans. — Du Pont de Romenont. — Anonymes. Six pièces.

135. J. Perard. — J.-L. Coquereau. — F. Hillemacher.
— A. Piet de Beaufremont. — De Laleu. Six pièces.

136. J.-P. Le Dru. — J.-B. Porvis. — T. Beale. — Desligneris. — J. Perard. — D. de Freval. Six pièces.

137. Crecy. — Lebourg. — H. Lambert. — D. Wilson. J. Perard. — Marin. Six pièces.

138. Soufflet de Magny. — De Thelin. — Docteur Requin. — J. Cramer. — J. Perard. — A.-M. Jacobi. Six pièces.

139. Josse. — Visconti. — Larcher. — Lepeletier. — D.-D. de Fréval. — De Liancourt. Six pièces.

140. Letellier. — Lebourg. — De Voyelle. — De ... 'l. — L. de Sayn-Wittgenstein. — J.-C. Dezauche· Six pièces.

141. Th. de Jonghe. — A. Houbigant. — Desligneris. — Ferray. — Maton de La Varenne. — G.-M. Deplace. Six pièces.

142. Desligneris. — A. Cleenewerck. — J.-C. Dezauche. — J. Mars. — G.-M. Deplace. — A.-M. Jacobi. Six pièces.

143. Sobolewskiana. — Rieu. — J. Perard. — F. Von Mulinen. — Girolando Bolognetti. — D., B. Six pièces.

144. Girolamo Bolognetti. — G. de Pixercourt. — Marin. — Rieu. — J. Perard. — F. Von Mulinen. Six pièces.

145. Pièces omises au Catalogue.

www.ingramcontent.com/pod-product-compliance
Ingram Content Group UK Ltd.
Pitfield, Milton Keynes, MK11 3LW, UK
UKHW031710170726
13836UKWH00001B/172